Programma~~ Arduino

Guide étape par étape de la maîtrise du matériel et logiciel Arduino

TABLEAU DES MATIERES

Chapitre 1

Introduction à Arduino

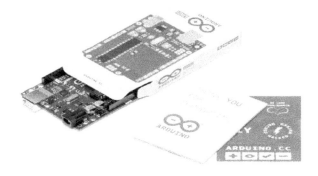

Qu'allez vous apprendre dans ce chapitre

📖Introduction aux systèmes embarqués

📖Qu'es ce qu'un Arduino?

📖Pourquoi utiliser Arduino?

📖Cartes Arduino

📖Vue générale d'Arduino UNO

Qu'avez vous besoin pour ce chapitre

📖Une Carte Arduino UNO

9

Introduction aux systèmes embarqués

Un système embarqués est un système informatique (Hardware et Software) conçu pour un but spécifique et souvent n'a pas d'interface utilisateur graphique. Il peut être un micro-processeur ou basé sur un microcontrôleur ce qui est le cœur du système. La différence entre les microcontrôleurs et les microprocesseurs est que le microcontrôleur contient un micro-processeur et aussi des périphériques tel que flash, RAM …etc. Tandis que le micro-processeur inclus seulement l'unité central de traitement (CPU).

Figure 1.1 description du microcontrôleur

Exemples de système embarqués

● Les systèmes embarqués sont largement utilisés dans plusieurs appareils et applications tel que :

Systèmes Automobiles

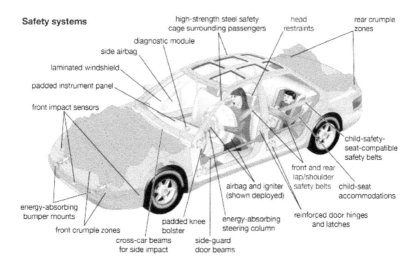

Figure 1.2 exemples de système automobiles

Electroniques de consommation

Figure 1.3 exemples d'électroniques de consommation

- Télévisions digitales et analogique

- Décodeurs (DVDS, VCRs, boîtes à câbles, etc.)

- Assistant numérique personnel (PDAs)

- Appareils photos

- Système de positionnement par satellite (GPS)

Mise en réseau

Switches & Routers

Figure 1.4 exemples de périphérique de réseaux

- Routeurs

- Commutateurs

- Point d'accès et plates-formes

Qu'es ce qu'un Arduino?

Après un aperçu des concepts des systèmes à microcontrôleurs embarqués maintenant il est temps de savoir exactement ce qu'un Arduino. Arduino est une plateforme à microcontrôleur source ouverte et source ouverte ici signifie que vous avez accès au design interne et schémas d'Arduino mais aussi vous pouvez créer des dérivés des cartes Arduino ou des produits entièrement nouveaux alimenté par la technologie Arduino.

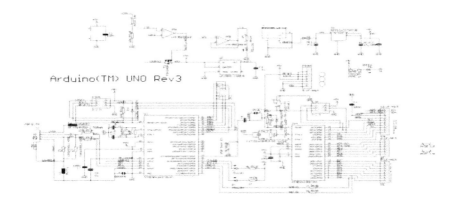

Figure 1.5 schémas d'Arduino UNO Rev3

Pourquoi utiliser Arduino?

- **Arduino** a beaucoup d'avantages qui le rend très populaire au près des fabricants, amateurs et même des ingénieurs :

- **Facile à utiliser :** vous pouvez le programme juste en utilisant un câble USB et ne pas se soucier du graveur comme avec les autres microcontrôleurs.

- **Communauté grande et supportrice** : il y a une vaste communauté qui soutient le projet qui peut vous aidez à développer n'importe quel projet.

- **La Bibliothèques Arduino**: Tu peux utilisé de nombreuses bibliothèque avec Arduino et gagner beaucoup de temps écrivant des codes.

- **Le Langage Arduino:** Il est si facile d'apprendre le langage de programmation Arduino développé par l'équipe italienne en 2005. Le langage est dérivé du langage de programmation C et du langage de programmation de traitement.

Cartes Arduino

Figure 1.6 Arduino Cartes

Les différences entre les cartes Arduino sont :

- le nombres de broche d'entré et de sortie.

- Le type de micro-processeur sur la carte.

- Le nombre de pièces sur la carte.

- Mais nous allons utiliser et examiner la carte Arduino la plus populaire qui est l'Arduino UNO.

Aperçu générale d'Arduino UNO

16

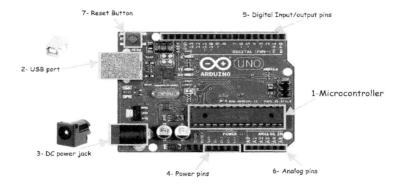

1. **Microcontrôleur** : ceci est le cœur de la carte Arduino. Arduino UNO et la plupart des cartes contiennent un microcontrôleur d'unité (MCU), utilisent un microcontrôleur AVR. Arduino UNO, lui utilise un ATMega 328p. Ce microcontrôleur est responsable du traitement tout compilé et de l'exécution de toute les commandes. Le langage de programmation d'Arduino rend vraiment facile l'accès à tout les périphériques comme le convertisseur analogique à numérique(ADCs), Broche d'entrée et de sortie a but général(GPIO). Aussi, il contient l'oscillateur16MHz Crystal.

2. **Port USB** : utilisé afin de connecter Arduino à un ordinateur et assure que l'alimentation 5v soit ouvert sur la carte.

3. **Prise d'alimentation CC** : quand vous êtes prêt à débrancher votre projet de votre ordinateur, vous avez d'autres option d'alimentation comme la prise d'alimentation.

17

4. **Broches d'alimentation :** l'Arduino a 2 principaux régulateur :

- 5v pour entrée / sortie numérique.

- 3.3v utilisé quand vous connectez des boucliers ou circuits externes.

Et aussi deux broches de masse.

5. **Broches d'entrée / de sortie numérique** : la partie sur laquelle nous allons le plus nous concentrer pendant votre projet sont les broches entrées / sorties a but générale. Nous allons les utiliser grâce aux programmes. Ils peuvent servir comme une entrée ou une sortie et aussi ils ont d'autres fonction spéciale comme le modulateur de largeur d'impulsions (PWM).

6. **Broches analogiques** : Les broches ADC agissent comme une entrée analogique pour mesurer le voltage entre 0v et 5v.

7. **Bouton de réinitialisation** : est utilisé pour réactualisé le programme sur la carte Arduino.

18

Types de Mémoires sur ATMEGA 328P (le cœur d Arduino UNO)

- **SRAM** : la mémoire qui est utilisé afin de conserver temporairement les variables.

- **Disque Flash** : c'est un lieu de stockage qui est utilisé pour conserver les programmes qui font marcher le microcontrôleur.

- **EEPROM** : Sa responsabilité est de stocker quelques variables de façon permanente comme le disque dur dans le PC.

- **Bootloader** : Sa fonctionnalité est de permettre la programmation avec le USB sans matériel extérieur.

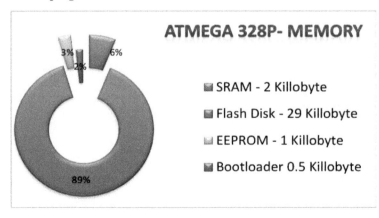

Questions

1. Qu'est ce qu'un système embarqué ?

2. Quel est la différence entre un micro-processeur et microcontrôleur ?

3. Quel est l'usage des broches GPIO sur la carte Arduino ?

4. Combien y a t-il de types de mémoires et quels sont leurs tailles sur Atmega328p?

Chapitre 2

Matériels & Outils

Qu'allez vous apprendre dans ce chapitre

📇Préparer et comprendre son matériel

📇Installer l'Arduino IDE

Qu'es qui est nécessaire pour ce chapitre

📇Une Carte Arduino UNO   📇Câble USB

📇Platine d'expérimentation   📇Des LED

📇Résistances   📇Multimètre

📇Câbles

Un Arduino UNO rev.3

• Ceci est la carte qui contient le ATMega328P microcontrôleur. Il a 14 broches d'entrée/ sortie numériques dont 6 peuvent être utilisé comme sorties PWM. Un 16MHz résonateur, une connexion USB, une prise d'alimentation... etc. (pour plus de détails voir chapitre 1).

Rev3 caractéristiques :

•Le circuit de réinitialisation est plus puissant que les anciennes révisions.

• Il inclut ATMega 16U2 au lieu de 8u2.

Figure 2.1 Arduino UNO Rev3

A-B Câble USB

- Ce câble est utilisé afin de connecter votre Arduino à votre ordinateur. Vous pouvez acheter n'importe quel type mais je le préfère le plus petit possible.

Figure 2.2 A-B Câble USB

Platine d'expérimentation

- Nous allons utiliser cette plaquette afin de connecter tout les composants ensemble sans soudure, vous pouvez utilisé le type de votre choix.

Les LED

● LED signifie Lumière Emettant Diode. Un LED est quelque chose similaire à une ampoule mais encore ils sont disponibles sous différentes formes et couleurs comme Rouge, Vert, Jaune, Blanc et Orange. Ils sont principalement utilisés dans le but d'éliminé les bugs.

Vous aurez besoin de:

- Au moins 10 LED.

Figure 2.4 Diffèrent types de LED

Multimètre (optionnelle)

● C'est une machine électronique qui est utilisé pour mesurer le voltage, le courant, la résistance, la capacité.

Nous aurons besoin de :

- Multimètre d'auto-ajustement (1)

● Auto-ajustement veut dire que le multimètre peut détecter les échelles de
mesures automatiquement.

Résistances

● la résistance est un composant électrique qui est utilisé pour contrôler le
flux de courant dans un circuit.

Nous aurons besoin de :

- Résistances 560 ohm (5)

- Résistances 10 k ohm (5).

26

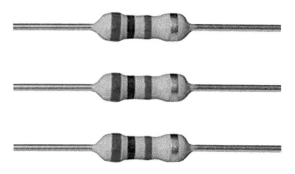

Figure 2.6 Résistance

Câbles

- Les câble de liaison utilisé pour connecter nos composants les uns avec les autres sur la platine d'expérimentation.

Nous aurons besoin de :

- Câbles Masculin à féminin.

- Câbles Masculin à masculin.

- Câbles Féminin à féminin.

27

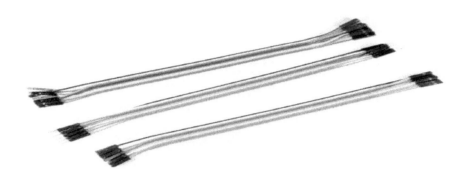

L'Arduino IDE

- L'Arduino Integrated Development Environment est l'outil qui va être utiliser afin d'écrire et télécharger les codes sur notre Arduino.

- Il utilise un langue de programmation très simple qui est l'Arduino C.

Installer l'Arduino IDE sur Linux

- Vous pouvez installer l'Arduino IDE sur le centre logiciel dans Ubuntu.

28

● Ecrire "Arduino" sur le formulaire de recherche et ensuite cliquer enter / install.

● Si vous utilisez n'importe quel autre Linux distro, vous pouvez chercher Arduino IDE sur son centre logiciel.

Installer Arduino IDE sur Mac / Windows

● Aller sur https://www.arduino.cc/en/main/software .

● Sélectionner l'installeur widows / mac.

Après l'installation

● connecter le câble à la carte Arduino.

29

● maintenant ouvrir le Arduino IDE.

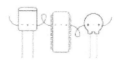

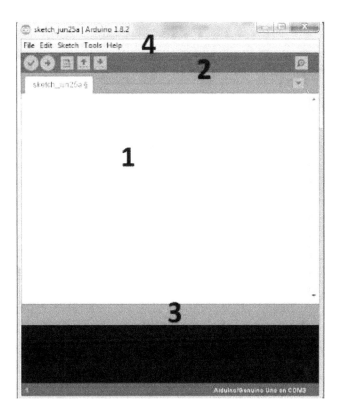

1. Le code sera écrit à cet endroit.

2. La barre de navigation pour télécharger, vérifier et sauvegarder

3. Zone de console pour montrer les erreurs et avertissements.

4. Barre de Menu.

Préparer l'Arduino IDE

- Tout d'abord nous allons aller au menu Outil (tools), ensuite (board) et choisir Arduino UNO.

- En deuxième, on sélectionnera Tools, Port puis Com ("x").

X étant le nombre port.

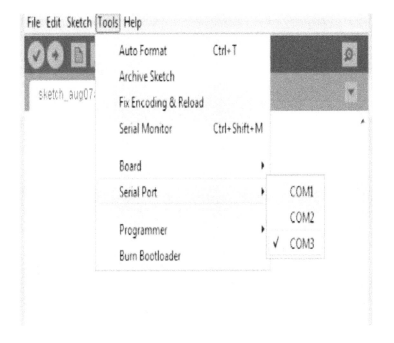

● Après ça vous pouvez commencer à écrire votre premier programme en

sélectionnant (fichier) file > new (nouveau)

● the Arduino IDE donne plusieurs exemples complets

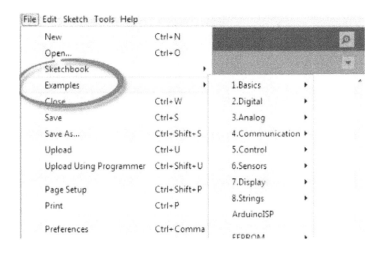

Questions

1. Qu'es ce qu'un Arduino ?

2. Définir en une phrase les termes suivant :

- un résistant

- Multimètre numérique

- LED

Chapitre 3

Introduction à Arduino

Qu'allez vous apprendre dans ce chapitre

Ecrire votre premier programme Arduino

Comprendre le langage Arduino C

L'essentiel de l'électroniques

Ce dont vous aurez besoin dans ce chapitre

Une carte Arduino UNO   Câbles

un ordinateur ou autres type de PC Une platine d'expérimentation

Des LED

Des Résistants   Boutons poussoirs

Premier exemple : LED clignotant (Câblage)

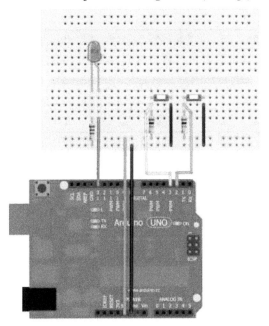

Etapes

● connecter le plus long pied (+) du led à la broche numéro 13.

● connecter l'autre pied avec le résistant 560 ohm.

● connecter la broche 5v et la broche GND sur l'Arduino à la platine
d'expérimentation comme montré

Premier exemple : LED clignotant (Codage)

Exemple :

- Ouvrir l'Arduino IDE sélectionner File (Ficher) ensuite nouveau (New).

- Ecrire le code suivant.

```
const int LED = 13;

void setup ( )

{

pinMode(LED, OUTPUT);

}

void loop()

{

digitalWrite(LED, HIGH);

delay(1000);

digitalWrite(LED, LOW);

delay(1000);

}
```

Après avoir écrit le code maintenant vous pouvez appuyer verify (vérifier) sur la barre d'icones de l'IDE et attendre jusqu'à qu'apparaisse "done compiling" (Compillage terminer) ensuite sélectionnez le téléchargement pour télécharger le code sur lacarte Arduino.

Félicitations vous venez de faire votre premier programme sur

Arduino

Maintenant il est le moment d'expliquer les codes

- Const int LED = 13;

Cet énoncé signifie que vous créerez une constante de type entière avec le nom LED et 13 de valeur

39

- Nous utilisons des constantes des lors pour facilité la nomination des broches (Entrée et Sortie)

Sur le microcontrôleur dans l'exemple 1, nous appelons la constante pour contrôle la broche 13 'LED', ce nom est utilisé au lieu de broche 13 pour facilité la lecture.

- Void setup()

{

PinMode (LED, OUTPUT);

}

Pour installer la broche numéro 13 au mode de sortie, celui-ci a le nom"LED".

Il y a 3 étapes pour écrire un programme Arduino ou autres microcontrôleur

- Tout d'abord, choisir les variables que nous allons utilisé the variables dans le program.

- Ensuite, il est vraiment important de comprendre que toutes les broches numériques peuvent être installer comme broche d'entrée ou de sortie. Dans notre exemple, nous installons la broche 13 comme une sortie.

- PinMode (numéro de la broche, état)

  - PinMode-> nom de la fonction.

  - Numéro de la broche-> le numéro de la broche que nous allons utiliser.

  - Etat - > Installer la broche comme une entrée ou une sortie.

- vous devez écrire "OUTPUT"(ENTRÉE) ou "INPUT" (SORTIE) en lettre majuscule.

- **Aussi**, nous devons écrire touts les entrées et sorties installés à l'intérieur des accolades de fonction → {}

Setup() {Ecrire votre configuration ici}, par exemple

Si vous voulez installer la broche 10, broche 11, broche 13 comme une sortie

Et la broche 2 comme une entrée :

Void setup()

{

```
pinMode(10,OUTPUT);

pinMode(11,OUTPUT);

pinMode(13,OUTPUT);

pinMode(10,INPUT);
```

Il faut noter que chaque énoncé doit se terminer par une un point virgule";".

```
}
```

- La dernière étape est d'écrire ce que le microcontrôleur doit faire comme il avait été fait dans le premier exemple:

```
Void loop()

{

digitalWrite(LED, HIGH);
```
→**ouvrir le led.**

```
delay(1000);
```
→attendre 1000 milliseconde "1 second".

```
digitalWrite(LED, LOW);
```
→ **fermer the led.**

```
delay(1000);
```
→attendre 1000 millisecondes "1second".

42

}

- Garder à l'esprit que le programme sera écrit à l'intérieur de la fonction

void loop () {Ecrire son code ici}

- digital write (LED, HIGH)

HIGH = 5 volt

LOW = 0 volt

Premièrement on écrit le nom de la broche ensuite le voltage.

- delay (1000)

Pour transmettre au microcontrôleur combien de temps attendre avant l'exécution de la prochaine instruction, pour que nous puissions contrôler le moment ou le led s'allume ou s'éteint.

- Comme nous pouvons voir dans notre exemple:

digitalWrite(LED,HIGH);

delay(1000);

Ces instructions signifient que le microcontrôleur va appliquer 5volt sur la broche de sortie connecté au LED, ensuite il attendra 1000 millisecondes.

Note: quand nous écrivons des programmes sur les microcontrôleurs le temps doit être exprimer en milliseconde au lieu de seconde "1000 milliseconde = 1 seconde".

- Il y a deux types de commentaires

// ceci est une ligne de commentaire

/*   ceci est une

ligne multiple de

commentaire*/

- On utilise commentaire pour la lecture or pour decrire un code afin de facilité la compréhension.

- The Arduino IDE ignora tout les commentaires

Exemple 2 (Câblage)

Dans cet exemple on utilisera un bouton poussoir ouvrir/fermer le LED

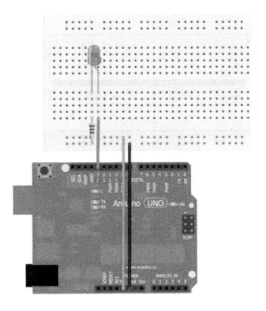

Partie dans vous aurez besoin:

- Platine d'expérimentation

- Bouton poussoir

- LED

- resistant10k ohm

- resistant560 ohm

- Quelques Câbles

Etapes :

● mettre le bouton poussoir sur la platine d'expérimentation.

45

- Connecter un coté su bouton avec 5v en utilisant les câbles.

- Connecter l'autre coté du resistant10k ohm.

- Connecter le câble à la broche 2 sur le Arduino.

- connecter l'autre pied du résistant sur la surface.

Exemple 2 (Codage)

/*Première étape déclaration et attributions des variables */

const int ledPin = 13;

const int buttonPin = 2;

int val;

/*Deuxième étape définir les broches et leurs orientations*/

void setup ( )

{

pinMode(ledPin, OUTPUT);

pinMode(buttonPin, INPUT);

}

/*troisième étape écrire le programme*/

```
void loop()
{
val = digitalRead(buttonPin);

if (val == HIGH)

{
digitalWrite(ledPin, HIGH);
delay(1000);
digitalWrite(ledPin, LOW);
delay(1000);
}
else {digitalWrite(ledPin, LOW); } }
```

- maintenant cliquer sur le bouton **verify** (vérifier) et après la compilation, cliquer sur le bouton **upload** (téléchargement) pour graver le code sur la plateforme Arduino.

47

● Maintenant il est temps d'expliquer le code

● Dans la première série

```
int ledPin = 13;
```

```
int buttonPin = 2;
```

```
int val = 0;
```

● Nous déclarons que une variable appelé **ledPin** assigné a la broche13, aussi nous avons déclaré une autre variable appelé **buttunPin** assigné a la broche2

Et Val variable, nous allons l'utiliser afin de conserver l'état d'entrée.

● dans la deuxième série

```
void setup ()
```

```
{
```

```
pinMode(ledPin, OUTPUT);
```

48

```
pinMode(buttonPin, INPUT);
```

```
}
```

• Nous commandons le contrôleur de travailler avec la broche 13 jouant le rôle de sortie ce qui était assigné avant "ledPin" ensuite nous installons la broche 2 comme une entrée afin de recevoir les signaux digitaux

Low or high

• Dans la troisième séric

Val = digitalRead (buttonPin);

Dans cette ligne, l'Arduino mesura le voltage et conservera la valeur dans la variable Val en utilisant digitalRead () fonction par exemple:

- Si le bouton est appuyé, la valeur sera 5v= HIGH.

- Sinon la valeur sera 0v = LOW.

```
If (Val == HIGH)
```

```
{
```

```
digitalWrite(ledPin, HIGH);
```

```
delay(1000);

digitalWrite (ledPin, LOW);

}

else

{

digitalWrite (ledPin, LOW);

}
```

Dans le code ci-dessus nous avons utiliser : if / else puis l'énoncé

Pour comparer les variables et modifier les actions du microcontrôleur sur base des résultats

- The Arduino mesurera le voltage et conservera la valeur dans la Val.

- Si la valeur est égale à 5v ou High, le contrôleur allumera le led pour 11 seconde et l'éteindra pour 1 seconde

- Néanmoins quand la valeur n'est pas égale à 5, le microcontrôleur n'allumera pas la led and et led sera éteint.

Exemple 3 (Câblage) led clignotant utilisant 2 boutons poussoirs

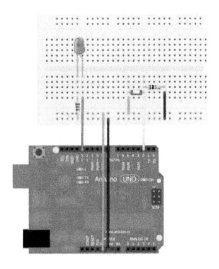

Parties dont vous aurez besoin:

- Arduino Uno

- Platine d'expérimentation

- Led

- Résistant 10 k ohm (2)

- Boutons poussoirs (2)

- Résistant 560 ohm

51

- Câbles

Dans cet exemple nous allons appliquer ce que nous avons appris dans les 2 exemples précédents

Exemple 3 (Codage)

● A partir d'Arduino IDE sélectionner file > new et écrire le code suivant

/* déclarations et attributions des variables*/

```
Const int ledPin = 13;

Const int inputPin1 = 2;

Const int inputPin2 = 3;
```

/* définir l'orientation des broches */

```
Void setup ()
{
pinMode (ledPin, OUTPUT);
```

```
pinMode (inputPin1,INPUT);

pinMode (inputPin2, INPUT);

}

/* Programme principale*/

Void loop ()

{

If (digitalRead(inputPin1) == HIGH)

{

digitalWrite (ledPin, LOW);

}

else if (digitalRead (inputPin2)== HIGH);

{

digitalWrite (ledPin, HIGH);

}

}
```

- Dans cet exemple on utilise **else if** pour ajouter plus d'une condition dans un énoncé.

Chapitre 3 Révision

Void setup () → Cet fonction est utilisé pour installer les broches dans l'orientation entrée ou sortie.

Void loop () → dans le corps de cette fonction vous écrirez votre programme principale.

Int name = value; énoncé pour definir une variable et sa valeur

example: const int led = 13; énoncé pour définir une constante

pinMode(pin number, state); pour définir le numéro de broche et son orientation

example: pinMode(11,INPUT);

digitalWrite(pin number, state) pour déterminer le voltage sur la broche

example: digitalWrite(13, OUTPUT);

digitalRead(pin number) pour lire le voltage à partir de la broche

54

exemple: digitalRead(4);

delay(time) cette fonction est utilisé pour déterminer combien de
temps l'Arduino doit attendre

exemple: delay(1000);

if (la condition) {ce qui est à faire}

else if (une autre condition)

{ce qui est à faire }

else(dernière condition)

{ce qui est à faire}

Enoncé conditionnel pour déterminer ce qu'il faut faire en se
basant sur quelques variables.

Type de données	Exemple	(Range) de Valeur
Nombre entier	int led = 13;	De -32768 à 32768

Flotteur	Détecteur à flotteur = 12.5;	Avec des nombres décimaux
Caractère	Nom du caractère = 'a';	caractère/ texte
Long	Variable longue = 99999.9;	De -2,147,483,648 à 2,147,483,648
Octet	Nombre d'octet= 55;	De 0 à 255

Questions

1. Ecrire le code pour que une led clignote 30 fois en 1 min

2. Ecrire le code faire clignoter deux led en sens inverse

3. Dessiner le circuit du deuxième exemple en utilisant n'importe quels outils tel que fritzing

4. Combien de bits dans un octet ?

5. Allonger le code et le circuit du deuxième exemple en utilisant les boutons poussoirs.

Chapitre 4

Entrées, Sorties et Capteurs

Qu'es ce que vous allez apprendre dans ce chapitre

📖Introduction aux signaux

📖travailler avec des capteurs

📖Comprendre PWM

Ce dont vous aurez besoin dans ce chapitre

🏭Arduino UNO Board   🏭Multimètre

🏭Capteurs   🏭Resistants

Il ya deux types de signeaux:

● Signal numérique:

Un signal numérique se réfère à un signal électronique convertis en des bits
(0s / 1s).

digital

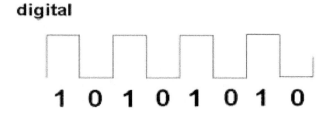

1 0 1 0 1 0 1 0

●Signal Analogique:

Contrairement au signal numérique, un signal analogique est n'importe quel
signal qui varie de façon continu au cours du temps.

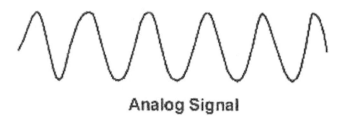

Analog Signal

Pourquoi les signaux analogiques sont- ils importants ?
Les entrées analogiques comme le voltage de quelques capteurs résultant du changement de quelques facteurs, par exemple

Photo – résistants : qui est un résistant électriques qui change de valeur selon la quantité de lumière

Et on peut mesurer le voltage sur ce résistant avec le multimètre

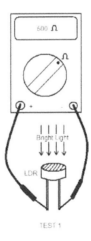

- Nous pouvons utiliser ce phénomène pour mesure n'importe quel autre facteur environnemental en utilisant les capteurs appropriés qui convertissent les facteurs comme la lumière, température, humidité, puissance…etc. en signaux analogiques.

59

- l'Arduino UNO (ATMega 328p) a 6 broches d'entrée. Pour les signaux analogiques ca va de A0 à A5, et il est précis, il peut notamment mesurer le voltage de 4.8 millivolt.

- Dans ce chapitre nous allons travailler avec des capteurs analogiques comme les photo-résistants, le capteur de température comme TMP35 ou LM35 est en fait un simple transistor qui change la tension en changeant la température.

Comment les capteurs génère-t-ils des signaux analogiques ?

Prenons le capteur de température comme exemple ; le capteur de température contient un transistor très sensible qui est fabriqué à partir de silicium car comme nous le silicium est fortement affecté par la température

Le capteur de température a le suivant

1. Entrée **Vin** (2.2v à 5.5v).

2. Signalez la jambe **Vout** pour obtenir la mesure.

3. branche de mise à la masse **GND** pour le connecter avec n'importe quel point de masse.

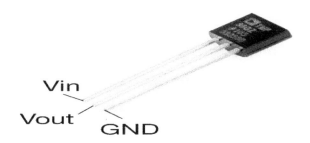

Composants dont vous aurez besoin pour cet exemple

- Multimètre

- Batterie AAA 1,5 Volt (2)

- Capteur de température (TMP35 ou TMP35 ou LM35)

Etapes

- Apportez les deux piles AAA et mettez-les toutes dans le porte-piles et vous obtiendrez 3 volts.

- Connectez le fil rouge en partant du support de la batterie jusqu'au capteur de température Vin leg

- Connectez le fil noir du support de la batterie au capteur de température GND leg.

63

- Mettez votre multimètre de mode tension comme montré

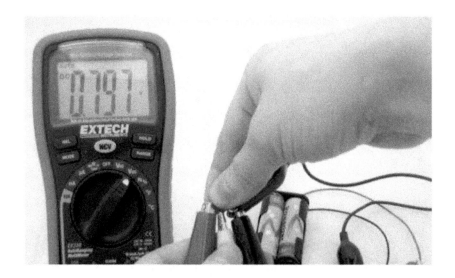

- connectez le GND Leg à la sonde noire, et connectez la sonde rouge au Vaut leg comme montré.

- noter la lecture de la tension sur le multimètre ce sera 0,76 volt

● maintenant mettez votre main sur le capteur (ce mouvement augmentera la température et comme nous savons que la température humaine est de 37 Celsius) et notez la lecture du multimètre

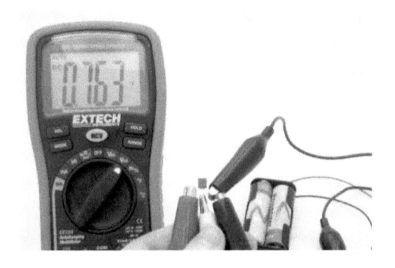

Vous constaterez que la lecture devient plus élevée

● Tout capteur fonctionne de la même manière que le capteur de température, il se comporte en fonction du facteur environnemental et change sa résistance interne, de sorte que la tension de sortie qui génère un capteur analogique peut être mesurée.

Exemple 4 : contrôle de la quantité de lumière à l'aide d'un potentiomètre (câblage)

65

- Dans cet exemple, nous utiliserons un potentiomètre pour obtenir une tension variable (entrée analogique) et nous allumerons / éteindrons la LED en fonction de la valeur de l'entrée analogique.

Exemples de composants

- Carte Arduino UNO

- Platine d'expérimentation

- LED

- Résistant 560 ohms

- Potentiomètre 10 k ohm

- Files

Connectez les composants comme indiqué

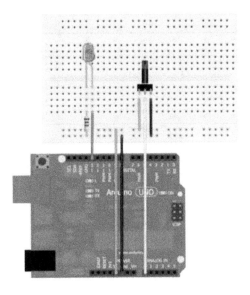

Exemple 4: contrôle de la quantité de lumière à l'aide d'un potentiomètre (Codage)

// créer un nouveau fichier à partir de l'Arduino IDE et écrire le code suivant

```
const int sensorPin = A0;

const int LedPin = 13;

int sensorValue;


void setup ()

{
```

```
PinMode (LedPin, OUTPUT);

}


void loop()

{

sensorValue = analogRead(sensorPin);

digitalWrite(LedPin, HIGH);

delay(sensorValue);

digitalWrite(LedPin, LOW);

delay(sensorValue);

}
```

Dans cet exemple, nous utilisons l'une des fonctions les plus importantes dans le langage Arduino **AnalogRead (numéro de broche)** cette fonction lit la tension comme un signal analogique, le microcontrôleur peut mesurer la tension de 4,8 millivolt à 5 volts, et convertit ces valeurs en numérique valeurs de 0 à 1024 cette conversion est appelée conversion **analogique-numérique (ADC).**

Par exemple

Si la tension d'entrée à l'A0 est égale aux valeurs suivantes:

4,8millivolt = 1 en numérique

49millivolt = 10 en numérique

480millivot = 100 en numérique

1volt = 208,33 en numérique

2volt = 416,66 en numérique

5 volts = 1024 en numérique

`sensorValue = analogRead(sensorPin);`

- Dans cette énoncer, le microcontrôleur va stocker la valeur de la lecture du capteur dans la variable de valeur du capteur, puis le microcontrôleur va allumer / éteindre la LED pendant une période de temps égale à cette variable (sensorValue).

69

- Dans cet exemple nous avons utilisé une résistance variable, donc nous pourrions changer la valeur de la résistance.

Exemple 5 photo-résistants en tant que capteur de lumière (composants)

- Carte Arduino UNO

- Platine d'expérimentation

- LED

- Résistant 560 ohms

- Photo-resistant

- câbles

Exemple 5 photo-résistants comme capteur de lumière (câblage)

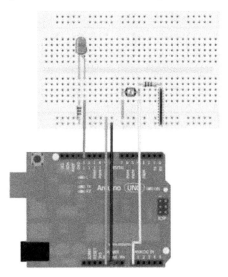

- Connectez les composant comme indiqué

71

Exemple 5 photo-résistants en tant que capteur de lumière (codage)

```
// sélectionne un nouveau fichier depuis l'Arduino IDE

const int lightPin = A0;

const int ledPin = 9;

int lightLevel;


void setup ()
{
pinMode(ledPin, OUTPUT);
}


void loop ()
{
lightLevel = analogRead(lightPin);

lightLevel = map(lightLevel, 0, 900, 0 , 255)

lightLevel = constrain(lightLevel, 0, 255);

analogWrite(ledPin, lightLevel);
}
```

- **Maintenant**, vous pouvez télécharger ce code sur votre carte Arduino et regarder ce qui va arriver à la LED après avoir focalisé la lumière sur le photo-résistant, puis mettez la main sur le photorésistant et regardez ce qui va arriver à la LED.

- analogWrite (numéro de broche, valeur);

Cette fonction génère une sortie analogique, et cette fonction peut être appliquée à toutes les broches avec modulation de largeur de pulse (PWM).

Ils sont pin3, pin5, pin6, pin9, pin10, pin11 (n'importe quelle broche avec ~ **sign**)

Quelle est la modulation de largeur d'impulsion?

La modulation de largeur d'impulsion est une technique permettant d'obtenir des résultats analogiques avec des moyens numériques. Le contrôle numérique est utilisé pour créer une onde carrée, un signal commuté entre activé et désactivé. Ce modèle marche-arrêt peut simuler des tensions dans le temps pendant lesquelles le signal s'éteint. La durée de "marche" est appelée la largeur d'impulsion. Pour obtenir des valeurs analogiques variables, vous modifiez ou modulez cette largeur d'impulsion. Si vous répétez ce motif marche-arrêt assez rapidement avec une LED. Nous pouvons générer une tension entre 0v et 5v en utilisant des valeurs numériques comme indiqué plus haut

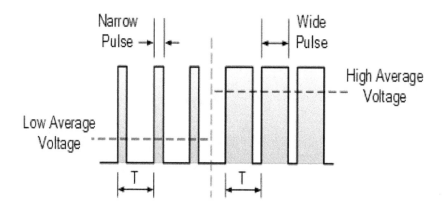

Comment pouvons-nous l'utiliser?

Un grand nombre de composants électriques traitent différentes valeurs de tension

Par exemple quand vous appliquez 3 volts à la LED vous obtiendrez une très petite quantité de lumière, et si vous augmentez la tension à 4 volts vous découvrez que la lumière sera plus lumineuse et ainsi de suite.

Et si vous utilisez un moteur par exemple lorsque vous augmentez la tension, la vitesse du moteur sera plus rapide.

Exemple 6: LED avec PWM (câblage)

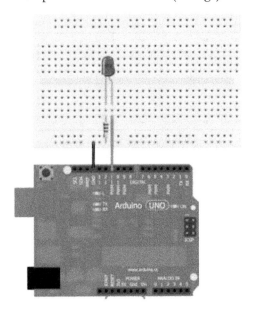

● Connectez les composants comme indiqué

Exemple 6: LED avec PWM (codage)

```
// ouvrez l'Arduino IDE et sélectionnez un nouveau fichier puis écris le
code de chargement

const int ledPin = 11;

int i = 0;

void setup( )

{

pinMode(ledPin, OUTPUT);

}

void loop()

{

for (i = 0; i < 255; i++) // LED will be lighter

{

analogWrite(ledPin, i);

delay(10);

}
```

```
for (i = 255; i > 0; i--)     //LED will be darker

{

analogWrite(ledPin, i);

delay(10);

}

}
```

`for (i = 0; i < 255; i++)`

• Dans l'exemple précédent, nous avons utilisé un nouvel énoncé qui est l'instruction de boucle. Vous pouvez utiliser la Boucle for si vous souhaitez exécuter le même code encore et encore, chaque fois avec une valeur différente.

I = 0 → la valeur initiale

I <255 → pour définir votre état

I ++ → est l'littérateur dans cet exemple, il va ajouter 1

I++ → I = I +1

.

Questions

1. Décrivez la différence entre les signaux numériques et analogiques ?

2. Quelle est la modulation de largeur d'impulsion ?

3. Circuit pour activer / désactiver la conception 5 LED dans l'ordre de séquence ?

4. Ecrivez le code de l'exemple 3 ?

Chapitre 5

Interfaçage avec Arduino

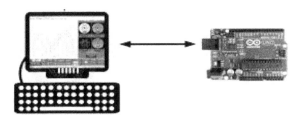

Ce que vous apprendrez dans ce chapitre

Comment interfacer votre Arduino avec votre ordinateur

Ce dont vous aurez besoin pour ce chapitre

Une carte Arduino UNO

platine d'expérimentation

Capteurs

Câbles

79

Puces FTDI

- Toutes les cartes Arduino ont la capacité d'envoyer et de recevoir avec un ordinateur directement via le port USB (mini, lilypad) cartes Arduino, mais vous pouvez également interfacer ces cartes avec l'ordinateur en utilisant l'interface FTDI, c'est une petite puce utilisée pour échanger le des données entre l'Arduino ou tout autre microcontrôleur et l'ordinateur.

- Dans les derniers exemples, nous avons utilisé l'Arduino pour lire certaines valeurs de capteurs

Comme la lumière, les capteurs de température, et montrent les résultats sur la LED.

● Dans ce chapitre, nous avons vu que l'interface série peut envoyer les valeurs des capteurs à l'ordinateur, et par conséquent nous pouvons faire les calculs facilement.

Exemple 7: Capteur de température avec interface série (composants)

● Une carte Arduino UNO

● Platine d'expérimentation

● Capteur de température (TMP 36 ou LM35)

● A - B Câble USB

Exemple 7: Capteur de température avec interface série (câblage)

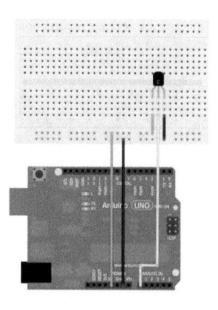

Exemple 7: Capteur de température avec interface série (Codage)

```
const int sensorPin = A0;

int reading;

float voltage;

float temperatureC;

void setup( )

{ Serial.begin(9600); }

void loop ( )

{

reading = analogRead(sensorPin);
```

```
voltage = reading * 5.0/1024;

Serial.print (voltage);

Serial.println(" volts");

temperatureC = (voltage - 0.5) * 100 ;

Serial.println("Temperature is: ");

Serial.print(temperatureC);

Serial.println(" degrees C");

delay(1000);

}
```

- **Après avoir vérifié et téléchargé** le code, cliquez sur le moniteur série comme indiqué.

- Vous verrez ce menu qui montre les lectures du capteur de température

- **Maintenant**, essayez d'augmenter la température en utilisant n'importe quelle source de chaleur.

- Vous devez être savoir que ce capteur peut gérer jusqu'à 150 Celsius.

84

- (-) ce symbole ne signifie pas négatif, mais il s'agit d'une erreur de programmation temporaire.

Exemple 7: Capteur de température avec interface série (Explication

`Serial.begin (9600);`

- Nous écrivons cet énoncé pour démarrer la communication entre l'Arduino et l'ordinateur via le port USB, afin que nous puissions recevoir et envoyer depuis et vers l'ordinateur

- Il y a deux variables dans notre code (voltage, TemperatureC) qui ont été définies avec une marge au lieu de int car le capteur de température est un capteur très précis, et le résultat sera en nombre de points flotteurs non entiers.

`reading = analogRead(sensorPin);`

- Cette instruction permet d'enregistrer l'entrée analogique dans la broche A0

Comme nous l'avons mentionné précédemment que le microcontrôleur convertit le signal analogique en valeurs numériques de zéro à 1024, nous avons donc utilisé cette instruction

`voltage = reading * 5/1024;`

- Après la conversion des valeurs numériques en tension, nous avons utilisé
Serial.print (voltage);

pour envoyer cette valeur à l'ordinateur et l'afficher sur l'Arduino IDE

- **Serial.print ("voltage");** cette instruction utilisée pour graver le mot "voltage"

après sa valeur

- **TemperatureC = (voltage - 0,5) * 100;** cette instruction pour convertir les valeurs de tension en degrés de température en degrés Celsius, et graver la valeur puis le mot "Temperature" et "degree C"

- **TemperatureC = (voltage – 0.5) *100;** this instruction to convert the voltage values to temperature degrees in Celsius, and print the value then the word "Temperature" and "degree C"

Serial.print(TemperatureC);

Serial.println("degree C");

- la dernière ligne de code est **delay (1000);** faire patienter le microcontrôleur une seconde, avant d'envoyer à nouveau la tension et la valeur de température à l'ordinateur.

Exemple 8: montrant la force de la lumière LED sur le moniteur série (câblage)

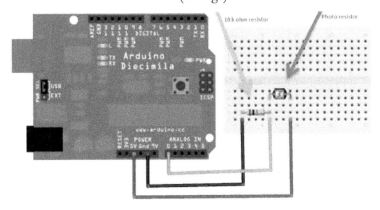

Exemple 8: montrant la force de la lumière LED sur le moniteur série (Codage)

```
const int photocellPin = A0;

int photocellReading;

void setup(void)

{ Serial.begin(9600); }

void loop(void)

{

photocellReading = analogRead(photocellPin);
```

87

```
Serial.print("Analog reading = ");

Serial.print(photocellReading);

if (photocellReading < 10) { Serial.println(" - Dark");}

else if (photocellReading < 200) { Serial.println(" - Dim");}

else if (photocellReading < 500) {Serial.println(" - Light"); }

else if (photocellReading < 800) { Serial.println(" - Bright"); }

else {Serial.println(" - Very bright"); }

delay(1000);

}
```

Après avoir téléchargé le code sur l'Arduino, cliquez sur le moniteur série

• **Maintenant,** essayez de faire ce qui suit

- Concentrer la lumière sur le photorésistant

- Couvrez le phto-résistant avec n'importe quel vêtement transparent

- Couvrez le photorésistant avec votre main et ne laisser pas de lumière s'échapper

- **Dim** → la quantité de lumière sera faible

- **Sombre** → il n'y a pas de lumière

- **Lumière** → il y a une quantité modérée de lumière

- **Lumière vive** → la luminosité de la lumière est très élevée

Exemple: 9 allumer / éteindre votre led à l'aide de votre ordinateur

(Composants)

- Une carte Arduino UNO

- Platine d'expérimentation

- LED

- Résistant 560 ohm

- Câbles

- **Dans cet exemple,** nous allons utilisé l'ordinateur afin de contrôle la LED au lieu d'utiliser un commutateur, et l'Arduino recevra la commande à l'aide du moniteur série via le port USB

Exemple: 9 allumer / éteindre votre led à l'aide de votre ordinateur (câblage)

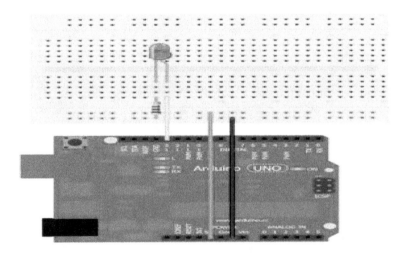

Exemple: 9 allumer / éteindre votre led à l'aide de votre ordinateur (Codage)

int ledPin=13;

int value;

void setup ()

```
{

Serial.begin(9600);

pinMode(ledPin,OUTPUT);

}

void loop ()

{

value = Serial.read();

if (value == '1') {digitalWrite(ledPin,HIGH);}

else if (value == '0') {digitalWrite(ledPin,LOW);}

}
```

Après le téléchargement du code sur l'Arduino, cliquez sur l'icône du moniteur de série, vous trouverez une barre de recherche écrire "1" dessus, et cliquez sur envoyer, puis écrire "0", et regardez ce qui va arriver à la LED

- Dans cet exemple, nous avons utilisé **Serial.Read ();** instruction de lire les données qui sont envoies de l'ordinateur à l'Arduino via USB, nous avons également ajouté la variable "valeur" pour stocker les données.

Ensuite, nous avons utilisé if ... else if énoncé

- si valeur == 1 le microcontrôleur allumera la LED

- Si valeur == 0 le microcontrôleur éteint la LED

93

Questions

1. Comment pouvez-vous faire communiquer l'Arduino avec l'ordinateur?

2. Qu'est-ce que la puce FTDI, et comment pouvons-nous l'utiliser?

3. Dessinez un circuit pour connecter l'Arduino avec un capteur de température et une LED

4. Ecrivez le code de l'exemple 3 et contrôlez la LED en fonction des lectures du capteur de température?

5. Comment faire communiquer l'Arduino avec l'ordinateur?

6. Qu'es ce qu'est la puce FTDI, et comment l'utiliser ?

7. Dessinez un circuit pour connecter l'Arduino avec le capteur de température et une LED?

8. Ecrire le code pour l'exemple 3 et contrôlez la LED en fonction des lecture du capteur de température?

Chapitre 6

Les Moteurs

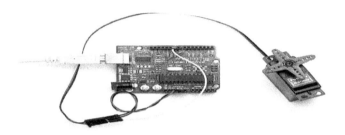

Ce que vous apprendrez dans ce chapitre

📖 Introduction aux moteurs

📖 Types de moteurs

📖Interfaçage des moteurs avec Arduino

Ce dont vous aurez besoin pour ce chapitre

📖Une carte Arduino UNO

📖Platine d'expérimentation

📖Les transistors

📖Moteur DC / Servo

Intro

● Le moteur est un composant électrique très important dont vous aurez besoin dans beaucoup de projets parce que c'est l'élément qui convertit l'énergie électrique en énergie mécanique

● Les moteurs ont de nombreuses applications, on les retrouve notamment dans les robots, les lecteurs de CD, les jouets, etc.

● Il y a principalement deux types de moteurs

- Moteurs à courant continu (DC - Servo - Stepper)

- Moteurs à courant alternatif (1Phase - 3Phase)

● Dans ce chapitre, nous allons utiliser le premier type qui sont les moteurs à courant continu (DC - Servo - Stepper), spécialement le DC et le moteur Servo

Servo Motor

DC Motor

Exemple: 10 en utilisant le moteur à courant continu "Moteur CC"
(Composants)

- Une carte Arduino UNO

- Platine d'expérimentation

- Moteur à courant continu

- Transistor 2N2222 ou PN2222

- 1N4001 Diode ou toute autre alternative

- Résistance 2,2 kΩ

- Certains câbles

- Câble USB

- **Dans cet exemple,** nous allons utiliser la petite taille du moteur à courant continu qui est habituellement utilisé dans les jouets, il peut fonctionner avec 3volts à 9volts, et vous pouvez facilement trouver ce type de moteurs dans le magasin de composants électriques ou tout magasin de jouets

Exemple: 10 en utilisant le moteur à courant continu "Moteur DC" (Câblage)

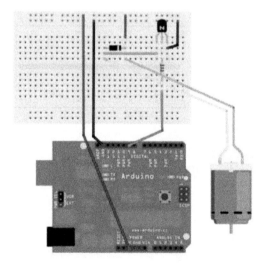

● Après avoir connecté les composants à la carte Arduino UNO, vous pouvez commencer à écrire le code suivant et le télécharger sur l'Arduino

```
int motorPin = 9 ;

int onTime = 2500 ;

int offTime = 1000 ;

void setup ) (

{pinMode(motorPin, OUTPUT); }

void loop ) (

{

analogWrite(motorPin,100);

delay(onTime);

digitalWrite(motorPin, LOW);

delay(offTime);

analogWrite(motorPin,190);

delay(onTime);

digitalWrite(motorPin, LOW);

delay(offTime);

analogWrite(motorPin,255);
```

```
        delay(onTime);

    digitalWrite(motorPin, LOW);

        delay(offTime);

            }
```

Exemple: 11 en utilisant le moteur à courant continu "Moteur Servo" (Composants)

- Une carte Arduino UNO

- Platine d'expérimentation

- Moteur à courant continu

- Transistor 2N2222 ou PN2222

- 1N4001 Diode ou toute autre alternative

- Résistant 2,2 kohms

- Quelques câbles

- Câble USB

Exemple: 11 en utilisant le moteur à courant continu "Moteur Servo"

(Câblage)

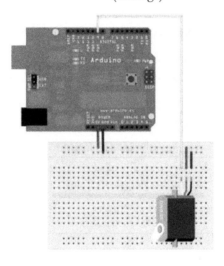

Exemple: 11 en utilisant le moteur à courant continu "Moteur Servo"

(Codage)

#include <Servo.h> // additional library for the servo motor

Servo myservo;

int pos = 0;

void setup()

{

```
myservo.attach(9);

}

void loop()

{

for(pos = 0; pos < 180; pos += 1)

{

myservo.write(pos);

delay(15);

}

for(pos = 180; pos>=1; pos-=1)

{

myservo.write(pos);

delay(15);

}}
```

- Après avoir connecté les composants avec Arduino, vous pouvez télécharger le code sur le tableau

- Vous pouvez également trouver l'exemple de code dans les exemples complétés depuis l'Arduino IDE

103

Exemples - servo - balayage

Questions

1. Décrivez les différents types de moteurs?

2. Comment dessiner un circuit pour connecter servo moteur et Arduino?

3. Étendez l'exemple 3 en utilisant une LED, et faites ce qui suit

- Si le moteur est allumé, allumez la LED

- Si le moteur est éteint, éteindre la LED

4. À l'aide d'un moteur CC et d'une DEL, procédez comme suit

- Si la vitesse du moteur DC est le maximum → faites clignoter la led rapidement

- Si la vitesse du moteur DC est une vitesse modérée → faire clignoter la led à une vitesse modérée

- Si la vitesse du moteur CC est faible → faire clignoter la led à basse vitesse

Chapitre 7

Entrées et Sorties avancées

Ce que vous apprendrez dans ce chapitre

Apprendre les différents types d'affichages

Comprendre les relais

Ce dont vous aurez besoin pour ce chapitre

Une carte Arduino UNO

105

⛏Differents types d'affichage (LCD, Keypad…)

Intro

• **Dans les derniers chapitres,** nous avons utilisé des périphériques simples entrées et sorties avec Arduino tels que (commutateur, LED …)

• Dans ce chapitre, je vais montrer comment utiliser les entrées et sorties avancées comme:

• Liquid Crystal Display "LCD"

• Le clavier

• La matrice de la LED

• Les relais

● Jetons un coup d'œil à l'écran "LCD" ce type d'affichage a été fabriqué à partir de cristal, et nous allons utiliser les deux types les plus populaires qui sont:

● Character liquid crystal display "LCD"

● Graphical liquid crystal display "GLCD"

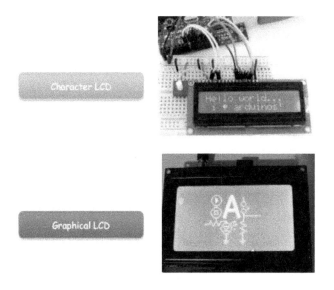

● Le caractère LCD a la capacité d'afficher le texte des caractères, des chiffres ou des symboles (comme les caractères que nous tapons du clavier), vous pouvez trouver différentes tailles et couleurs des caractères LCD

LCD vert 16x2

107

Bleu 16x2 LCD

Grees 20x4 LCD

- À titre d'exemple, 16x2 signifie :

- Le nombre de lignes est deux

-Le nombre de caractères sur chaque ligne est 16

Vous pouvez choisir parmi différentes tailles et couleurs

Exemple: 10 interfaçage LCD 16x2 (composants)

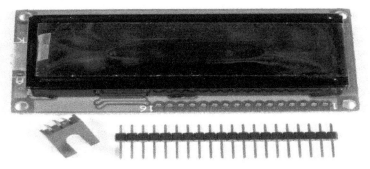

- LCD 16x2 avec lumière bleue (ou n'importe quelle couleur que vous préférez)

- En-têtes de broches en cuivre 16 points

- Potentiomètre 10 kΩ

- Fer à souder

- Fils à souder

Etapes

- Souder les têtes de broches avec les points LCD en utilisant le fer à souder

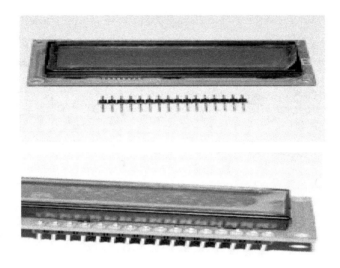

• Soudez le premier point en utilisant le fil et le fer à souder, et attendez 5 secondes pour vous assurer que le point n'est pas chaud pour votre sécurité, n'essayez pas non plus de le toucher avec votre main

• Souder le dernier point pour maintenir l'écran LCD des deux côtés

- répétez toutes les procédures à tous les 16 broches comme indiqué

- après la fin de la soudure, il est maintenant temps de le mettre sur la platine d'expérimentation

- Connectez la broche Arduino 5v avec les broches de la ligne rouge sur la platine d'expérimentation, Et la broche GND avec les broches de la ligne bleue sur la platine d'expérimentation

- Connectez le numéro de broche 16 sur l'écran LCD à la ligne GND, et le numéro de broche 15 à la ligne positive comme indiqué dans cette image

- Connectez l'Arduino avec le câble USB ou la batterie, et regardez la lumière sur l'écran LCD

- La couleur de l'affichage peut-être différente dépend de votre choix de couleur LCD, il existe également d'autres couleurs comme: Rouge, blanc, vert, bleu

Utilisez le potentiomètre pour contrôler la luminosité de l'écran

- Il s'agit d'une étape facultative que vous pouvez ignorer, l'objectif de l'utilisation du potentiomètre est de contrôler la quantité de courant à l'intérieur de l'écran LCD, afin que nous puissions contrôler la luminosité de la lumière sur votre écran.

● Connectez l'une des branches du potentiomètre à la ligne rouge positive, et l'autre jambe à la ligne négative noire

● Connectez la branche centrale du potentiomètre à la troisième broche sur l'écran LCD comme indiqué

• Connectez maintenant le numéro de broche 1 à la terre, et le numéro de broche 2 à la ligne positive sur la platine d'expérimentation, comme indiqué

• Connectez la batterie à votre carte, et tournez le crochet du potentiomètre, et regardez la différence sur la luminosité de votre écran

- Le but de toutes les étapes précédentes est de connecter l'écran LCD au potentiomètre et la batterie pour contrôler la luminosité de l'écran

- Dans certains projets, nous pouvons utiliser le numéro de broche 5 appelé RW, mais dans notre projet, nous le relions au sol

117

- Connectez maintenant le numéro de broche 4 sur votre écran LCD à la broche numéro 7 sur l'Arduino

- Après cela, vous pouvez connecter le numéro de broche 6 sur votre écran LCD au numéro de broche 8 sur la carte Arduino comme indiqué

- Connectez le numéro de broche 14 sur votre écran LCD au numéro de broche 12 sur votre carte Arduino

• La dernière étape consiste à connecter les broches 11, 12, 13 de votre écran LCD aux broches 10, 10 et 11 dans le même ordre que sur l'image suivante

• Ceci est le circuit final de l'interface de l'Arduino avec l'écran LCD

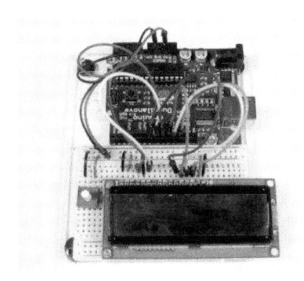

- Il est maintenant temps d'écrire le code

- L'Arduino IDE contient de nombreux exemples de code que vous pouvez choisir, et gagnez du temps en écrivant le code

- Depuis l'IDE Arduino ouvrir

File→ Examples→ Liquid Crystal→ Hello World

- Nous devons éditer le code un peu, pour la première ligne

LiquidCrystal lcd (12, 11, 5, 4, 3, 2);

121

Faites le suivant

LiquidCrystal lcd (7, 8, 9, 10, 11, 12);

- Télécharger ce code sur la carte Arduino

```
//Example_12_LCD_16x2

#include <LiquidCrystal.h>

LiquidCrystal lcd(7, 8, 9, 10, 11, 12);

void setup()

{

lcd.begin(16, 2);

lcd.print("hello, world!");

}

void loop()

{

lcd.setCursor(0, 1);

lcd.print(millis()/1000);}
```

- c'est ce que vous obtiendrez après le câblage et le codage

● Vous pouvez également modifier la luminosité de l'écran à l'aide du

potentiomètre

- Vous pouvez choisir n'importe quel type ou couleur de différents types d'écrans LCD de caractères sur le marché

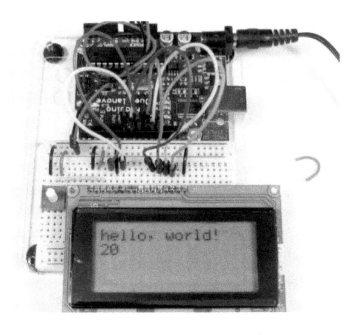

- pour plus d'exemples de projets LCD visite

https://www.arduino.cc/en/Tutorial/HelloWorld?from=Tutorial.LiquidCr
ystal

Interfacer le clavier avec l'Arduino

● Nous considérons le clavier comme un type très important de périphérique d'entrée avancé qui a de nombreuse applications notamment dans le téléphone, le clavier, le panneau de contrôle de l'ascenseur,…

● Il existe de nombreux types de claviers, ils diffèrent par la taille et le nombre de caractères, dans certains claviers, vous pouvez trouver des symboles supplémentaires comme étoile (*), symbole Baum (#) ou encore les caractères anglais tels que A.D.F

● Les tailles de clavier les plus populaires sont 4x4 et 4x3

3x4

4x4

4x4

- Il y a des claviers spéciaux qui sont plus flexibles et plus minces que les matériaux, et c'est très bon marché aussi

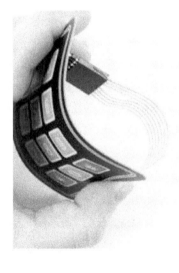

Les spécifications du clavier 3x4

- poids: 7,5 grammes

- Dimensions du clavier: 70 mm x 77 mm x 1 mm (2,75 "x 3" x 0,035")

- Longueur du câble + connecteur: 85mm

- Connecteur variateur 7-pin 0.1"

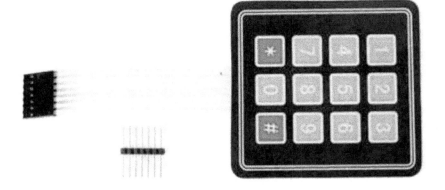

Exemple11: utilisation du clavier avec Arduino (Composants)

- Clavier 3x4

- en-têtes de broche (7)

- Carte Arduino UNO

- Platine d'expérimentation

Exemple 11: utilisation du clavier avec Arduino (câblage)

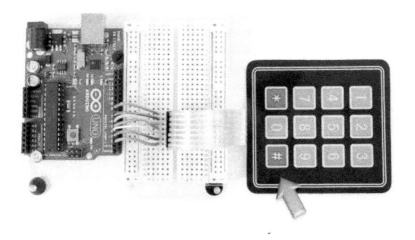

- Connectez les broches 2, 3, 4, 5, 6, 7 et 8 de l'Arduino aux broches du clavier, mais connectez # à la broche 2 de l'Arduino

- Avant de commencer à écrire le code pour l'Arduino, vous devez d'abord télécharger la bibliothèque du clavier sur le site Web Arduino

  Parce qu'il n'existe pas dans l'IDE Arduino

  Voici le lien que vous pouvez télécharger la bibliothèque

  http://playground.arduino.cc/Code/Keypad

- Téléchargez et installez la bibliothèque comme indiqué

- Ce sera comme un zip. Clavier, donc la prochaine étape sera d'extraire le fichier et de copier les fichiers et de le coller dans le dossier des bibliothèques qui se trouve dans le dossier Arduino IDE de votre ordinateur comme indiqué dans l'image suivante

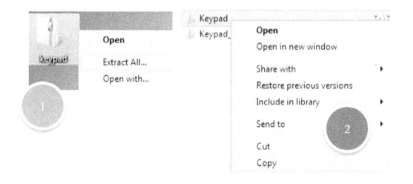

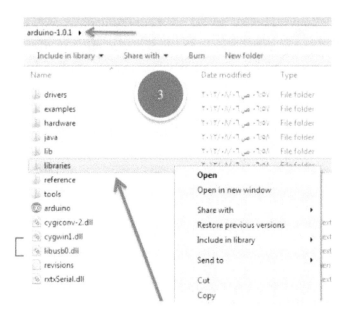

- Exemple 11 : utilisation du clavier avec Arduino (Codage)

//Example_13_Keypad_Input

#include <Keypad.h>

const byte ROWS = 4;

const byte COLS = 3;

char keys[ROWS][COLS] =

{

{'1','2','3'},

132

```
{'4','5','6'},

{'7','8','9'},

{'#','0','*'}

};

byte rowPins[ROWS] = {5, 4, 3, 2};

byte colPins[COLS] = {8, 7, 6};

Keypad keypad = Keypad) makeKeymap)keys(, rowPins, colPins, ROWS,

COLS (;

void setup)(

{

Serial.begin)9600(;

}

void loop)(

{

char key = keypad.getKey)(;

if )key != NO_KEY( {ᵣSerial.println)key(;

}
```

}

- Après avoir écrit et téléchargé le code sur Arduino, cliquez sur l'icône du moniteur série et la surveillance se produira

Introduction au relais

● Le relais est l'un des composants les plus que vous verrez dans beaucoup de projets spécialement les projets avec des appareils informatiques

Qu'est-ce qu'un relais?

● Un relais est un dispositif électromécanique on peut imaginer un relais comme un interrupteur que l'on peut le diviser en deux parties principales:

- La première partie est: un fil de collision autour du cœur du relais

- La deuxième partie est: un rectangle de bloc de fer, et c'est l'interrupteur qui met le relais en état marche ou arrêt

Le symbole du relais

- - Le côté gauche est la bobine

- - Le côté droit est l'interrupteur

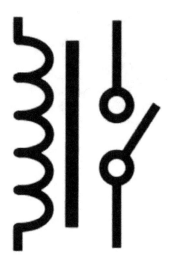

● Jetons un coup d'œil à la conception interne d'un relais

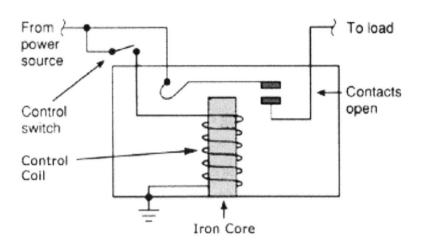

- Si vous voulez en savoir plus sur les relais, allez sur

https://www.sparkfun.com/tutorials/119

Questions

1. Qu'es ce qu'un relais ?

2. Avec les pièces suivantes, concevez un système de contrôle d'accès:

- Carte Arduino

- Clavier 4x4

- Carte Proto

- Platine d'expérimentation

- Moteur Servo

- Files de connexions

Chapitre 8

Arduino Shields

Ce que vous apprendrez dans ce chapitre

Jetez un œil à différents types de boucliers Arduino

Introduction aux boucliers

- L'un des avantages les plus importants de l'utilisation d'Arduino est la disponibilité de différents types de blindages qui peuvent nous intégrer l'Arduino

- L'idée de boucliers Arduino est quelque chose comme vos cartes PCI sur votre carte mère PC comme la carte d'interface réseau qui vous rend si facile d'accéder à Internet, et les boucliers Arduino fonctionnent de la même manière

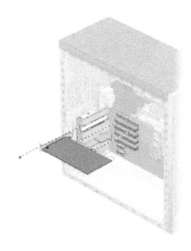

Si vous avez une expérience avec les microcontrôleurs, vous pouvez imaginer la difficulté de connecter le microcontrôleur à Internet ou à un réseau local (dans cette situation, vous devez construire le module Ethernet à partir de zéro), et cela prend beaucoup de temps et d'efforts

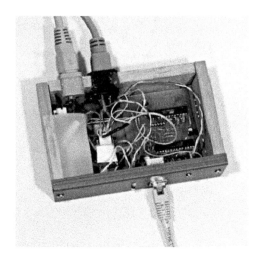

• Mais avec Arduino vous avez juste besoin de vous procurer un bouclier Ethernet,

- Il existe de nombreux types de boucliers comme les exemples suivants

Arduino Ehternet Ehternet

Ce bouclier Arduino Ethernet peut connecter l'Arduino à Internet en utilisant le câble cat5, et vous pouvez utiliser ce bouclier pour contrôler les choses à distance via Internet

- Ce bouclier a une option pour ajouter une carte SD qui sert à stocker quelque chose périodiquement comme les valeurs de température

Bouclier XBee

• Ceci est le bouclier Xbee il peut faire les mêmes fonctions que les fonctions Ethernet, mais de manière sans fil, vous pouvez connecter l'Arduino à n'importe quel réseau sans fil dans un rayon de 100 mètres

Bouclier Moteur Arduino

- Le bouclier du moteur est utilisé pour connecter différents types de moteurs (moteur à courant continu, servomoteur, moteur pas à pas), et vous pouvez connecter 3 moteurs en même temps

- Certaines versions de l'écran du moteur vous permettent de connecter seulement deux moteurs en même temps

- Vous pouvez utiliser ce blindage dans les projets nécessitant des moteurs tels que

Les robots et les machines CNC

Écran tactile coloré Arduino

● Ce bouclier peut être utilisé dans n'importe quel projet interactif pour vous permettre d'afficher certaines données comme des photos que l'écran LCD ne peut pas gérer

● Il existe différentes tailles de ce type de bouclier de l'écran tactile de 2 pouces à 4 pouces

Questions

1. Quels sont les avantages de l'utilisation de boucliers Arduino?

2. Combien de moteurs pouvons-nous utiliser sur le bouclier moteur?

3. Décrivez le bouclier Xbee?

Chapitre 9

Projet Finale

Ce que vous apprendrez dans ce chapitre

appliquer ce que vous avez appris dans un projet

Travailler avec des cartes SD

Ce dont vous aurez besoin pour ce chapitre

Une carte Arduino UNO   Câble USB

Platine d'expérimentation   LED

Configuration matérielle et logicielle

Dans cette partie, vous aurez besoin des composants suivants

- Une carte Arduino UNO

- Bouclier Ethernet Arduino

- Câble USB

Avant de commencer à assembler l'Arduino et le bouclier Ethernet, notez l'adresse MAC du bouclier, inscrite à l'arrière du bouclier.

Configuration matérielle

- La configuration matérielle de cette partie est très simple. À ce stade, vous devriez déjà avoir le bouclier Ethernet qui est connecté à la carte Arduino UNO.

Branchez maintenant le câble Ethernet dans le bouclier Ethernet et le câble USB à la carte Arduino et à votre ordinateur

- Connectez directement le câble Ethernet au routeur principal de votre domicile. Habituellement, vous disposez d'un routeur Wi-Fi dans votre maison, que vous utilisez pour activer la connectivité Wi-Fi pour votre ordinateur et d'autres périphériques de votre réseau domestique. Ce routeur devrait également avoir des ports, que vous pourriez connecter votre câble Ethernet

- L'avantage de l'utilisation de cette méthode est que votre écran Ethernet reçoit automatiquement une adresse IP, ce qui vous permet d'accéder facilement à Internet, au cas où votre routeur est configuré pour DHCP, ce qui dépend de votre routeur.

- Dans le cas où vous n'avez pas de routeur, vous pouvez simplement connecter le câble Ethernet à votre ordinateur, mais le partage d'Internet avec votre carte Arduino sera très complexe

Testez la connexion

Lancez le croquis Arduino avec les éléments suivants

Téléchargez le code de la bibliothèque Ethernet depuis Arduino.com

#include <SPI.h>

#include <Ethernet.h>

Byte mac [] = {0x80, 8XA2, 0xDA, 0x0E, 0xFE, 0x40} //ecrire son adresse mac

/ * vous devez définir l'adresse mac pour tester la connexion

Nous allons tester la connexion en saisissant une demande à partir de n'importe quelle page Web simple

* /

/ * L'adresse web est stockée dans une variable char, vous pouvez vérifier les types de données dans le chapitre 3 * /

char server [] = "www.example.com"; // écrire un site web

/ * le bouclier Ethernet recevra l'adresse IP de ce site Web * /

/ * créons une instance du client Ethernet * /

Client EthernetClient;

// écrivez ce qui suit dans ta fonction dans votre configuration

```
void setup()

{

If (Ehternet.begin(mac) ==0)

{

Serial.println("Failed to configure the Ethernet");

Ethernet.begin(mac, ip);

}

Serial.begin(115200);

Serial.print("IP address: ");

Serial.println(Ethernet.localIP());

}
```

// dans votre fonction de boucle, nous allons nous connecter au serveur en appelant la fonction de connexion

```
Boucle()

{

client.printlin("GET /java/host/test.html HTTP/1.1");

client.println("Host: www.example.com");
```

```
client.println("connection: close");

client.println();
```

// après l'envoi de la requête, nous lirons les données du serveur, pour vérifier que tout va comme il le faut

```
while(client.connect()){

while(client.availabel()){

char c = client.read();

Serial.print(c);

}
```

/ * si le client n'est pas connecté, nous imprimerons les informations sur le moniteur série * /

```
If(!client.connected())

{

Serial.println();

Serial.println("disconnecting");

Client.stop();

}

}

}
```

151

Après l'explication du code, vous écrivez le code comme suit

```
// Incluez ces bibliothèques, vous pouvez le télécharger

#include <SPI.h>

#include <Ethernet.h>


// Mettez l'adresse MAC

byte mac[] = = {0x80, 8XA2, 0xDA, 0x0E, 0xFE, 0x40};


// Definissez le serveur

char server[] = "www.example.com";


// Fixer une adresse IP

IPAddress ip(192,168,1,50);


// Créez une instance

EthernetClient client;
```

```
void setup() {

//Commencer les communication de séries

Serial.begin(115200);

// Commencer la connexion

if (Ethernet.begin(mac) == 0) {

Serial.println("Failed to configure the Ethernet ");

Ethernet.begin(mac, ip);

}

// Affichez l'addresse IP

Serial.print("IP address: ");

Serial.println(Ethernet.localIP());

// Donner au bouclier une seconde pour s'initialiser

delay(1000);
```

```
Serial.println("Connecting...");

}

void loop()

{

// Connectez aux serveurs

if (client.connect(server, 80)) {

if (client.connected()) {

Serial.println("connected");

// Faire une requête HTTP:

client.println("GET /java/host/test.html HTTP/1.1");

client.println("Host: www.example.com");

client.println("Connection: close");

client.println();

}

else {
```

```
// Si la connexion a raté

Serial.println("connection failed");

}



// Lire la réponse

while (client.connected()) {

while (client.available()) {

char c = client.read();

Serial.print(c);

}

}



// Si le serveur est déconnecté, stoppez le client:

if (!client.connected()) {

Serial.println();

Serial.println("disconnecting.");

client.stop();

}
```

155

```
}
```

```
// Répetez chaque 3 secondes

delay(3000);

}
```

Il est maintenant temps d'envoyer les données au serveur Web

Dans la partie précédente, nous nous sommes assurés que le bouclier fonctionne bien et connecté à votre réseau

Dans cette partie, nous allons faire ce qui suit

- Nous allons d'abord utiliser le capteur de température et d'humidité et installer les composants logiciels pour tracer les données dans votre ordinateur

- Deuxièmement, nous allons mettre le code qui calcule les mesures et envoyer ces mesures au serveur web qui tourne sur votre ordinateur

• Troisièmement, nous allons créer le code côté serveur

• Enfin, l'interfaçage de la base de données avec la bibliothèque de traçage permet de voir les mesures à mesure qu'elles sortent du bouclier Ethernet et sont stockées dans notre base de données.

Travaillons avec le matériel, nous aurons besoin des composants suivants pour cette partie de notre projet

• Capteur de température et d'humidité DHT11 / Capteur de température LM35

• Résistants 4,7 ohms

• Platine d'expérimentation

• Fils de connexion

• Carte Arduino UNO

Connectez les composants comme indiqué

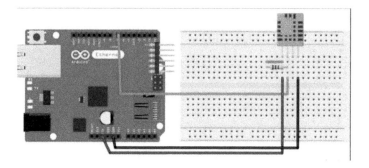

Pour les composants logiciels, vous aurez besoin des éléments suivants

● Téléchargez et incluez la bibliothèque DHT11 sous ce lien

https://playground.arduino.cc/Main/DHT11Lib

(Après le téléchargement, décompressez les fichiers et incluez-les dans le dossier libraires)

● Télécharger la bibliothèque de tracé, à partir de ce lien

http://www.flotcharts.org/

- Télécharger le système de gestion de base de données, nous allons utiliser SQLite DMBS

http://www.sqlite.org/

- Pour le serveur web, nous utiliserons Apache

Si vous utilisez un de ces systèmes d'exploitation

Windows: http://www.wampserver.com/en/

Linux: https://help.ubuntu.com/community/ApacheMySQLPHP

Mac: https://www.mamp.info/en/

Etapes

- Branchez le capteur DHT11 sur la carte de test. Ensuite, connectez la broche numéro 1 et la broche numéro 2 du capteur à l'aide du résistant de 4,7 kohms

- Pour l'alimentation électrique. Connectez le numéro de broche 1 du capteur à Arduino 5v, et le numéro de broche 4 à Arduino GND. Vous pouvez maintenant connecter le numéro de broche 2 du capteur DHT à la broche Arduino numéro 7

Il est maintenant temps d'envoyer les données au serveur

Construisons notre première application en utilisant le bouclier Ethernet Arduino. Mais d'abord, nous avons besoin de l'adresse IP de votre ordinateur à l'intérieur de l'esquisse Arduino; nous allons également déterminer où le bouclier Arduino Ethernet devrait envoyer les données

Vous pouvez trouver l'adresse IP de votre ordinateur, si vous utilisez des veuves, vous pouvez trouver les informations dont vous avez besoin sous le paramètre réseau dans le panneau de contrôle

Dans le système d'exploitation Linux / Mac, démarrez simplement la ligne de commande et tapez la commande suivante: ifconifg et cliquez sur Entrée

Vous êtes maintenant prêt à construire l'esquisse Arduino. Nous allons d'abord inclure les bibliothèques requises:

```
#include <SPI.h>
#include <Ethernet.h>
#include "DHT.h"
```

Vous devez également ajouter l'adresse mac, et vous pouvez trouver l'adresse mac à l'arrière de votre bouclier Ethernet Arduino:

```
byte mac[] = { 0x80, 0xA2, 0xDA, 0x0E, 0xFE, 0x30 }; // écrire ton adresse mac ici
```

```
// définit maintenant la broche DHT11 sur l'Arduino ainsi que le type de capteur

#define DHTPIN 7

#define DHTTYPE DHT11
```

// vous pouvez utiliser la fonction random () pour des mesures de données aléatoires si vous n'avez pas de capteur DHT11 connecté

```
// maintenant définissons l'adresse IP

IPAddress server (192, 168, 1, 10);

// crée une instance du client Ethernet

EthernetClient client;

// et une instance de la bibliothèque DHT
```

161

```
DHT dht(DHTPIN, DHTTYPE);
```

/ * Maintenant dans la fonction setup () de votre esquisse, nous allons utiliser le DHCP pour obtenir un IP * /

```
Serial.begin(115200)

If (Ethernet.begin(mac) == 0)

{

Serial.println("Failed to configure the Ethernet shield");

Ethernet.begin(ip, mac);

}
```

// écrivez le code suivant pour imprimer l'adresse IP sur le moniteur série

```
Serial.pirnt("IP Address: ");

Serial.println(Ethernet.localIP());
```

/ * dans la fonction Loop () de l'esquisse, ce code pour prendre les mesures du capteur DHT11 * /

```
float h = dht.readHumidity();

float t = dht.readTemperature();
```

/ * utilise maintenant ce code pour convertir ces mesures en chaînes de caractères * /

String temp = String((int) t); // cette procèdure est appelé casting

String hum = String(int) h); // Si vous voulez en apprendre plus googler le

/ * à des fins de débogage, nous écrirons le code suivant pour imprimer ces valeurs sur le port série, nous vérifierons également si ces valeurs sont correctes ou non * /

Serial.print("Temperature:" + temp);

Serial.pirnt("Humidity:" + hum);

/ * la prochaine chose que nous ferons est, en envoyant les données au serveur, ne paniquez pas si vous ne pouvez pas comprendre le code suivant, je l'expliquerai plus tard * /

If (client.connect(server, 80))

{

If (client.connected()) {

Serial.println("connected");}

/ * Si cela fonctionne, nous pouvons faire la demande maintenant. Comme dans la partie précédente, mais dans cette partie, nous allons utiliser la requête GET, vous pouvez rechercher la différence entre la requête GET et la requête POST, alors entrez maintenant l'ip de votre ordinateur en utilisant ce code *

```
/Client.println("GET/datalogger/datalogger.php?temp=" + temp)+
"&hum=" +hum +"HTTP/1.1");

client.println("Host: 192.168.1.100");

client.println("Connection: close");

client.println();

// puis écrivez le code suivant pour lire les données du serveur

while (client.available()) {

while(client.available()){

char c = client.read();

Serial.print(c) ;

}

}

// Maintenant vous pouvez fermer la connexion si le client n'est pas
connecté au serveur

If (!client.connected()){

Serial.println();

Serial.println("disconnecting");
```

Client.stop(); delay(1000); // 1 second}

● Ceci est le code entier pour cette partie

```
// Include libraries

#include <SPI.h>

#include <Ethernet.h>

#include "DHT.h"


// Entrez une adresse MAC pour votre contrôleur ci-dessous.

byte mac[] = { 0x80, 0xA2, 0xDA, 0x0E, 0xFE, 0x40 };

// Broches de capteur DHT11

#define DHTPIN 7

#define DHTTYPE DHT11


// Définir l'adresse IP statique pour votre carte Arduino

IPAddress ip(192,168,1,60);


// IP de votre ordinateur

IPAddress server(192,168,1,100);
```

```
// Initialiser le client Ethernet, une instance du client Ethernet

EthernetClient client;


// instance DHT

DHT dht(DHTPIN, DHTTYPE);


void setup() {


// Ouvrir les communications série

Serial.begin(115200);

// Démarrer la connexion Ethernet

if (Ethernet.begin(mac) == 0) {

Serial.println("Failed to configure Ethernet using DHCP");

Ethernet.begin(mac, ip);

}
```

```
// Afficher l'adresse IP

Serial.print("IP address: ");

Serial.println(Ethernet.localIP());


// Donne une seconde au blindage Ethernet pour initialiser

delay(1000);

Serial.println("Connecting...");


}


void loop()

{

// Mesurer l'humidité et la température

float h = dht.readHumidity();

float t = dht.readTemperature();


// Transformer la chaîne de series

String temp = String((int) t);
```

167

```
String hum = String((int) h);


// Graver sur le moniteur de série

Serial.println("Temperature: " + temp);

Serial.println("Humidity: " + hum);


// Se connecter au server

if (client.connect(server, 80)) {

    if (client.connected()) {

    Serial.println("connected");


    // Faire une requête HTTP:

    client.println("GET /datalogger/datalogger.php?temp=" + temp +
    "&hum=" + hum + " HTTP/1.1");

    client.println("Host: 192.168.1.100");

    client.println("Connection: close");

    client.println();

    }
```

```
else {

// Si vous n'avez pas obtenu la connexion au serveur

Serial.println("connection failed");

}


// Lire la réponse

while (client.connected()) {

while (client.available()) {

char c = client.read();

Serial.print(c);

}

}


// Si le serveur est déconnecté, stoppez le client :

if (!client.connected()) {

Serial.println();

Serial.println("disconnecting.");

client.stop();
```

```
}



}
```

// Répétez chaque seconde

delay(1000);

```
}
```

Dans cette partie, nous allons enregistrer les données dans la base de données

Nous allons maintenant utiliser PHP pour construire le serveur de notre projet. Si vous êtes débutant en PHP, vous pouvez vérifier la ressource suivante pour apprendre les bases

http://php.net/manual/en/tutorial.phpw

D'abord nous verrons le contenu du fichier datalogger.php. Ce fichier traite les demandes entrantes de la carte Arduino, puis enregistre les données dans la base de données et répond à l'aide d'un simple message. Notez que ce fichier doit être dans un dossier portant le nom (datalogger) sur le serveur Web.

170

- Écrivons le code

$temperature = intval($_GET{"temp"});

$humidity = intval($_GET["hum"]);

- Nous allons commencer la connection avec la base de donnée

$db = new SQLite3('database.db');

If you are not familiar with the SQL commands, just go to this website

https://www.w3schools.com/SQL/deFault.asp

- Créons maintenant les colonnes de la base de données: un identifiant unique qui sera généré par SQLite, la colonne d'horodatage pour savoir quand la mesure a été faite, et les données de température et d'humidité. Ceci est fait en utilisant le code suivant

$db->exec('CREATE TABLE IF NOT EXISTS measurements (id INTEGER PRIMARY KEY, timestamp TIMESTAMP DEFAULT CURRENT_TIMESTAMP NOT NULL, temperature INTEGER, humidity INTEGER);');

// Si vous utilisez plus de capteur comme le capteur de lumière, vous devrez ajouter plus de champs

/ * maintenant nous pouvons insérer les données comme une nouvelle ligne dans la base de données. Puisque SQLite ajoutera l'ID et l'horodatage, mais nous ajouterons la température et l'humidité * /

171

```php
$db->exec("INSERT INTO measurements (temperature, humidity) VALUES

('$temperature', '$humidity');");
```

/ * Pour vérifier que les données ont été enregistrées correctement, vous pouvez simplement créer un fichier readout.php * qui lira les données de la base de données /

```php
$db = new SQLite3(' database.db');
```

/ * et maintenant nous allons écrire la requête dans la base de données pour obtenir les données que nous voulons * /

```php
$results = $db->query('SELECT id, timestamp, temperature, humidity FROM

measurements');
```

/ * nous allons maintenant utiliser PHP pour analyser cette variable qui contient tout le résultat * /

```php
while($row = $results->fetchArray())

{$dataset[] = array(strtotime($row['timestamp']) *

1000,$row['temperature']);}
```

// la dernière étape consiste à imprimer les données formatées au format JSON

```php
Echo json_encode($dataset);
```

/ * Si vous voulez en savoir plus sur JSON

Visit http://json.org/

*/

/ * Affichage des résultats * /

/ * nous allons maintenant utiliser les données dans notre base de données et les afficher sur un graphique, pour cette tâche nous allons utiliser une bibliothèque JavaScript appelée flot, qui est déjà incluse dans notre code, cette bibliothèque fournit de bonnes fonctions pour tracer les données sur le web pages, il peut également tracer les données en temps réel * /

/ * tout se passe dans un fichier HTML appelé plot.html. nous verrons les pièces les plus importantes du code ici * /

```
<script src="flot/jquery.js"></script>

<script src="flot/jquery.flot.js"></script>

<script src="flot/jquery.flot.time.js"></script>

<div id="placeholder" style="width:800px; height:450px;"></div>
```

/ * si vous voulez en savoir plus sur le JavaScript

Vous pouvez consulter ce lien

https://javascript.info/

173

*/

- parce que nous avons les horodatages comme axes x, nous devons donc déterminer que les données pour cette position sont une heure spécifique, et que nous voulons afficher dans ce format heures, minutes et secondes:

var options = {

xaxis: {

mode: "time",

timeformat: "%H:%M:%S"

}

};

- Nous devons également recevoir les données chaque fois que nous appelons le script ceci sera fait par un appel AJAX au fichier PHP

$.ajax({

url: "readout.php",

type: "GET",

dataType: "json",

success: onDataReceived

})

// ce code utilisé en JavaScript pour définir une fonction comme la fonction de boucle dans Arduino

```
function update() {

function onDataReceived(series) {

var data = [];

data.push(series);

$.plot("#placeholder", data, options);

}
```

- C'est ce que vous verrez

L'intégralité du code pour cette partie

// code client Web

175

```
// Incluez les bibliothèques

#include <SPI.h>

#include <Ethernet.h>

#include "DHT.h"

// Entrez une adresse MAC pour votre contrôleur ci-dessous.

byte mac[] = { 0x90, 0xA2, 0xDA, 0x0E, 0xFE, 0x40 };


// Broches de capteurs DHT11

#define DHTPIN 7

#define DHTTYPE DHT11


// Définir l'adresse IP statique de votre carte

IPAddress ip(192,168,1,50);

//Adresse IP de votre ordinateur

IPAddress server(192,168,1,100);

// Initialiser le client Ethernet

EthernetClient client;
```

```
//Instance DHT

DHT dht(DHTPIN, DHTTYPE);


void setup() {


// Ouvrir les communications série

Serial.begin(115200);


// Commencer la connection a l'Ethernet

if (Ethernet.begin(mac) == 0) {

Serial.println("Failed to configure Ethernet using DHCP");

Ethernet.begin(mac, ip);

}


// Affichez l'IP

Serial.print("IP address: ");

Serial.println(Ethernet.localIP());
```

```
//Donnez une seconde au blindage Ethernet pour initialiser

delay(1000);

Serial.println("Connecting...");


}


void loop()

{


// Mesurer l'humidité & température

float h = dht.readHumidity();

float t = dht.readTemperature();


// Transformer en chaine de séries

String temp = String((int) t);

String hum = String((int) h);
```

```
// Graver sur le moniteur de séries

Serial.println("Temperature: " + temp);

Serial.println("Humidity: " + hum);


// Connecter au serveur

if (client.connect(server, 80)) {

if (client.connected()) {

Serial.println("connected");


// Faire une requête HTTP:

client.println("GET /datalogger/datalogger.php?temp=" + temp +
"&hum=" + hum + " HTTP/1.1");

client.println("Host: 192.168.1.100");

client.println("Connection: close");

client.println();

}

else {

// Si vous n'avez pas eu la connection au serveur
```

```
Serial.println("connection failed");

}


// Lire la réponse

while (client.connected()) {

while (client.available()) {

char c = client.read();

Serial.print(c);

}

}


//Si le serveur est déconnecté, stopper le client:

if (!client.connected()) {

Serial.println();

Serial.println("disconnecting.");

client.stop();

}
```

```
  }

  // Répéter chaque seconde

  delay(1000);

}

// C'est le code PHP

error_reporting(E_ALL);

ini_set("display_errors", 1);

// Vérifier que les données soit présentes

if (isset($_GET["temp"]) && isset($_GET["hum"])) {

  // Acquérir les données

  $temperature = intval($_GET["temp"]);

  $humidity = intval($_GET["hum"]);

  // Créer une instance DB

  $db = new SQLite3('database.db');

  // Créer un nouveau tableau si besoin

$db->exec('CREATE TABLE IF NOT EXISTS measurements (id
INTEGER PRIMARY KEY, timestamp TIMESTAMP DEFAULT
```

```
CURRENT_TIMESTAMP NOT NULL, temperature INTEGER,
humidity INTEGER);');

// Stocker des données dans le DB

if($db->exec("INSERT INTO measurements (temperature,
humidity) VALUES ('$temperature', '$humidity');")) {

echo "Data received";

}

else { echo "Failed to log data";          }}?>

//voici le code de tracé

<!doctype html>

<html lang="en">

<head>

<meta charset="utf-8">

<title>Temperature readout</title>

<script language="javascript" type="text/javascript"
src="flot/jquery.js"></script>

<script language="javascript" type="text/javascript"
src="flot/jquery.flot.js"></script>

<script language="javascript" type="text/javascript"
src="flot/jquery.flot.time.js"></script>
```

```
</head>

<body>

<div id="placeholder" style="width:800px; height:450px;"></div>

<script>

$(function () {

    var options = {

        xaxis: {

            mode: "time",

            timeformat: "%H:%M:%S"

        }

    };

    // Mise à jour

    function update() {

        // Acquérir données

        $.ajax({
```

```
        url: "readout.php",

        type: "GET",

        dataType: "json",

        success: onDataReceived
    });

    // Données de tracé

    function onDataReceived(series) {

        var data = [];

        data.push(series);

        $.plot("#placeholder", data, options);
    }

    // Interval de temps entres les mise à jour

    setTimeout(update, 10);
    }

    // Mise à jour

    update();
});
</script>
```

```
</body>

</html>
```

```
// c'est le code de script lu

<?php

// Indiquer les erreurs

error_reporting(E_ALL);

ini_set("display_errors", 1);

// Ouvrir base de données

$db = new SQLite3('database.db');

// Définir le fuseau horaire par défaut

date_default_timezone_set('America/Los_Angeles');

// Acquérir des données

$results = $db->query('SELECT id, timestamp, temperature, humidity
FROM measurements');

// Analyser les données
```

```php
while($row = $results->fetchArray())

{

$dataset[] = array(strtotime($row['timestamp']) *
1000,$row['temperature']);

}

// Données revenues

echo json_encode($dataset);?>

// the data logger code

?php

error_reporting(E_ALL);

ini_set("display_errors", 1);

// Vérifier que les données soient présentes if (isset($_GET["temp"]) &&
isset($_GET["hum"])) {

// Acquérir des données

$temperature = intval($_GET["temp"]);

$humidity = intval($_GET["hum"]);

// Créer instance DB

$db = new SQLite3('database.db');

// Créer des nouveaux tableaux si besoin
```

186

```php
$db->exec('CREATE TABLE IF NOT EXISTS measurements (id INTEGER PRIMARY KEY, timestamp TIMESTAMP DEFAULT CURRENT_TIMESTAMP NOT NULL, temperature INTEGER, humidity INTEGER);');
```

```php
// Stocker des données dans DB

if($db->exec("INSERT INTO measurements (temperature, humidity) VALUES ('$temperature', '$humidity');")) {

    echo "Data received";

}

else {

    echo "Failed to log data";

}

}
```

?>

Dans cette partie nous allons utiliser la carte SD pour stocker des données sous format FAT32.

Dans cette partie, nous allons traiter les cartes SD pour stocker les données, Elles devraient également être au format FAT32

Ce sont les parties dont vous aurez besoin dans notre partie finale

- L'Arduino UNO

- Le bouclier Ethernet Arduino

- Le capteur DHT11

- Une carte MicroSD

- Une platine d'expérimentation

- Files de connexions

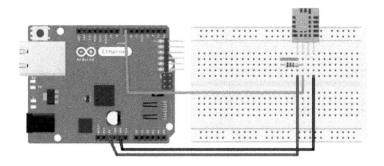

- Maintenant, connectez l'Arduino et la carte SD comme indiqué

- Ceci est tout le code pour cette partie

//datalogger code

```
// Include libraries

#include "DHT.h"

#include <SD.h>

#include <Time.h>

#include <Ethernet.h>

#include <EthernetUdp.h>

#include <SPI.h>


// Broches de capteurs DHT11

#define DHTPIN 7

#define DHTTYPE DHT11


// Entrez une adresse MAC pour votre contrôleur ci-dessous.
byte mac[] = { 0x90, 0xA2, 0xDA, 0x0E, 0xFE, 0x40 };
```

```
// Puce select broche

const int chipSelect = 4;



// Serveur NTP

IPAddress timeServer(132, 163, 4, 101);

const int timeZone = 1;



// Créer un serveur UDP

EthernetUDP Udp;

unsigned int localPort = 8888;



// instance DHT

DHT dht(DHTPIN, DHTTYPE);



void setup() {



// Ouvrir les communications de series

Serial.begin(9600);
```

191

```
// Commencer Ethernet

if (Ethernet.begin(mac) == 0) {

// inutile de continuer, alors ne faites rien de plus:

while (1) {

Serial.println("Failed to configure Ethernet using DHCP");

delay(10000);

}

}


// Init carte SD

Serial.print("Initializing SD card...");

pinMode(10, OUTPUT);


if (!SD.begin(chipSelect)) {

Serial.println("Card failed, or not present");

// Ne faites rien de plus:

return;
```

```
  }

Serial.println("card initialized.");


// Initialiser capteur DHT

dht.begin();


// Graver le serveur d'info
Serial.print("IP number assigned by DHCP is ");

Serial.println(Ethernet.localIP());

Udp.begin(localPort);

Serial.println("waiting for sync");

setSyncProvider(getNtpTime);

  }



void loop() {


// Mesurer l'humidité & température
```

```
float h = dht.readHumidity();

float t = dht.readTemperature();


// Transformer en chaines de series

String temp = String((int) t);

String hum = String((int) h);


// Temps de Format

String log_time = String(day()) + "/" +

String(month()) + "/" + String(year()) + " " +

String(hour()) + ":" + String(minute()) + ":" +

String(second());


// Créer une chaîne pour assembler les données à journaliser

String dataString = log_time + "," + temp + "," + hum;


// Ouvrir le fichier

File dataFile = SD.open("datalog.txt", FILE_WRITE);
```

```
// Ecrire les données dans le fichier

if (dataFile) {

dataFile.println(dataString);

dataFile.close();

Serial.println(dataString);

}

else {

Serial.println("error opening datalog.txt");

}


// Répetez chaque 10 secondes

delay(10000);

}


const int NTP_PACKET_SIZE = 48; // NTP time is in the first 48 bytes
of message

byte packetBuffer[NTP_PACKET_SIZE]; //buffer to hold incoming &
outgoing packets
```

195

```
time_t getNtpTime()

{

while (Udp.parsePacket() > 0) ; // discard any previously received packets

    Serial.println("Transmit NTP Request");

    sendNTPpacket(timeServer);

    uint32_t beginWait = millis();

    while (millis() - beginWait < 1500) {

        int size = Udp.parsePacket();

        if (size >= NTP_PACKET_SIZE) {

            Serial.println("Receive NTP Response");

            Udp.read(packetBuffer, NTP_PACKET_SIZE); // read packet into
            the buffer

            unsigned long secsSince1900;

            // Convertir quatre octets commençant à l'emplacement 40 en un
            entier long

            secsSince1900 = (unsigned long)packetBuffer[40] << 24;

            secsSince1900 |= (unsigned long)packetBuffer[41] << 16;

            secsSince1900 |= (unsigned long)packetBuffer[42] << 8;
```

```
secsSince1900 |= (unsigned long)packetBuffer[43];

return secsSince1900 - 2208988800UL + timeZone *
SECS_PER_HOUR;

}

}

Serial.println("No NTP Response :-(");

return 0; // return 0 if unable to get the time

}

// envoie une requête NTP au serveur de temps à l'adresse donnée

void sendNTPpacket(IPAddress &address)

{

// Initialisez tous les octets du buffer à 0

memset(packetBuffer, 0, NTP_PACKET_SIZE);

// Initialiser les valeurs nécessaires pour former une requête NTP

// (voir l'URL ci-dessus pour plus de détails sur les paquets)

packetBuffer[0] = 0b11100011;   // LI, Version, Mode

packetBuffer[1] = 0;    // Stratum, or type of clock

packetBuffer[2] = 6;    // Polling Interval
```

```
packetBuffer[3] = 0xEC;  // Peer Clock Precision

// 8 octets de zéro pour Root Delay & Root Dispersion

packetBuffer[12]  = 49;

packetBuffer[13]  = 0x4E;

packetBuffer[14]  = 49;

packetBuffer[15]  = 52;

// tous les champs NTP ont reçu des valeurs, maintenant

// vous pouvez envoyer un paquet demandant un horodatage:

Udp.beginPacket(address, 123); //NTP requests are to port 123

Udp.write(packetBuffer, NTP_PACKET_SIZE);

Udp.endPacket();

}




// Le code.php lu

<?php

error_reporting(E_ALL);

ini_set("display_errors", 1);
```

```php
$db = new SQLite3('database.db');

$results = $db->query('SELECT id, timestamp, temperature, humidity
FROM measurements');

while($row = $results->fetchArray())

{

$dataset[] = array(strtotime($row['timestamp']) *
1000,$row['temperature']);

}

echo json_encode($dataset);

?>
```

```html
// the plot.html code

<!doctype html>

<html lang="en">

<head>

<meta charset="utf-8">

<title>Temperature readout</title>

<script language="javascript" type="text/javascript"
src="flot/jquery.js"></script>
```

```
<script language="javascript" type="text/javascript"
src="flot/jquery.flot.js"></script>

<script language="javascript" type="text/javascript"
src="flot/jquery.flot.time.js"></script>



</head>

<body>



<div id="placeholder" style="width:800px; height:450px;"></div>



<script>

$(function () {

var options = {

xaxis: {

mode: "time",

timeformat: "%H:%M:%S"

}

};

// Mise à jour
```

200

```
function update() {

    // Stocker les données

    $.ajax({

        url: "datalogger.php",

        type: "GET",

    });

    // Acquérir des données

    $.ajax({

        url: "readout.php",

        type: "GET",

        dataType: "json",

        success: onDataReceived

    });

    // Trace de donnée

    function onDataReceived(series) {

        var data = [];

        data.push(series);

        $.plot("#placeholder", data, options);
```

```
            }
    // Intervalle entre les mises à jour

    setTimeout(update, 10);

            }
    // Mise à jour

    update();

    });
</script>



</body>

</html>




// Le code datalogger.php

<?php

error_reporting(E_ALL);

ini_set("display_errors", 1);

// Carte Arduino
```

```php
$url = 'http://192.168.1.103';

// Récupère la ressource cURL

$curl = curl_init();

// Mettre en place quelques options - nous passons dans un agent
utilisateur aussi ici

curl_setopt_array($curl, array(

CURLOPT_RETURNTRANSFER => 1,

CURLOPT_URL => $url,

));

// Envoyez la requête & sauvegardez la réponse avec $resp

$resp = curl_exec($curl);

// Fermer la requête eliminé certaines resources

curl_close($curl);

// Avoir des données

$json = json_decode($resp, true);

$temperature = intval($json["temperature"]);

$humidity = intval($json["humidity"]);

// Créez une instance DB
```

```php
$db = new SQLite3('database.db');

// Créer un nouveau tableau si besoin

$db->exec('CREATE TABLE IF NOT EXISTS measurements (id
INTEGER PRIMARY KEY, timestamp TIMESTAMP DEFAULT
CURRENT_TIMESTAMP NOT NULL, temperature INTEGER,
humidity INTEGER);');

// Stockez des données dans DB

$db->exec("INSERT INTO measurements (temperature, humidity)
VALUES ('$temperature', '$humidity');");


// Réponse

echo "Data received";

?>
```

www.ingramcontent.com/pod-product-compliance
Lightning Source LLC
LaVergne TN
LVHW022313060326
832902LV00020B/3433